le culturoscope

Michel Sauquet
et Martin Vielajus

LE CULTUROSCOPE

70 questions pour aborder l'interculturel

ÉDITIONS Charles Léopold Mayer

Éditions Charles Léopold Mayer
38 rue Saint-Sabin 75011 Paris/France
Tél : 01 43 14 75 75/www.eclm.fr

Maison d'édition de la Fondation Charles Léopold Mayer pour le progrès de l'Homme (www.fph.ch), les Éditions Charles Léopold Mayer (ECLM) offrent un service éditorial aux acteurs de la transition écologique, sociale et économique. Elles éditent ainsi des ouvrages qui doivent permettre aux acteurs de développer, mettre en forme et diffuser leur plaidoyer, autour de quatre grands thèmes : transition vers des sociétés durables, gouvernance légitime et coopérations régionales, éthique et responsabilité des acteurs, information citoyenne.

Vous trouverez des compléments d'information, des mises à jour, l'actualité des auteurs, etc. sur le site www.eclm.fr.

Les auteurs

Michel Sauquet et Martin Vielajus sont consultants auprès d'ONG, d'entreprises, d'institutions publiques et d'organisations internationales. Ils enseignent notamment à Sciences Po, à l'université Paris-Dauphine et à l'ENA. Ils ont fondé et animé pendant plusieurs années l'Institut de recherche et débat sur la gouvernance. Ils sont également auteurs du manuel *L'Intelligence interculturelle*, Éd. C.-L. Mayer, 2014.

Dépôt légal, mai 2016
Essai n° 209
ISBN 978-2-84377-201-6
Création graphique et mise en pages :
Nicolas Pruvost / Tiens donc !
Illustrations : Patrice Rambaud

Les institutions suivantes soutiennent la démarche et la diffusion de ce livre :

AgroParisTech – Institut des sciences et industries du vivant et de l'environnement (www.agroparistech.fr)
CEMEA – Mouvement national d'éducation nouvelle (www.cemea.asso.fr)
Cités Unies France – Action internationale des collectivités territoriales (www.cites-unies-france.org)
CITIM – Centre d'information et d'animation pour la solidarité et la citoyenneté internationales (www.citim.asso.fr)
CNEAP – Conseil National de l'Enseignement Agricole Privé (www.cneap.fr)
CRIDEV – Centre rennais d'information pour le développement et la solidarité entre les peuples (www.cridev.org)
DCC – Délégation Catholique pour la Coopération (www.ladcc.org)
Étudiants et développement – Réseau des associations jeunes de solidarité internationale (www.etudiantsetdeveloppement.org)
FERT – Association de coopération internationale pour le développement rural (www.fert.fr)
France Volontaires – La plateforme des volontariats internationaux d'échange et de solidarité (www.france-volontaires.org)
Frères des Hommes – Association de solidarité internationale (www.fdh.org)
MITRA+ – Vivre l'interculturel (www.mitra.fr)
RESIA – Réseau solidarités internationales Armor (www.resia.asso.fr)
Université Paris Dauphine – Master de management interculturel (MMI) (www.management-interculturel.dauphine.fr)
Université Paris Ouest La Défense – Master Humanités et Management (https://master-humanites-et-management.u-paris10.fr)

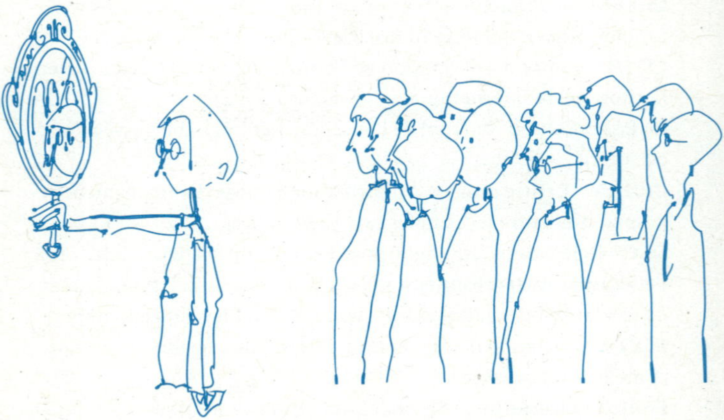

LE CULTUROSCOPE

70 QUESTIONS POUR ABORDER L'INTERCULTUREL

Grille d'observation et d'analyse des représentations et des pratiques socioculturelles

Michel Sauquet & Martin Vielajus

Il est illusoire, lorsque l'on s'engage dans une carrière de mobilité qui amène à changer de pays tous les deux ou trois ans, ou lorsque l'on travaille dans des milieux très pluriculturels, de penser que l'on puisse vraiment parvenir à *connaître* la culture de l'autre. Mais il est utile, dans ces situations, de prendre l'habitude de se poser un minimum de questions sur les représentations que chacun a de notions supposées communes – le temps, l'argent, la nature... –, ainsi que sur les codes et les pratiques de nos interlocuteurs.

Nos évidences ne sont pas forcément celles de l'autre, nos références et notre situation sociale non plus, nos formatages initiaux et notre éducation encore moins.

Le « Culturoscope » n'est pas un catalogue des cultures du monde. Il est à la fois *microscope* – pour guider vers la compréhension de l'invisible de nos cultures – et *macroscope*[1], pour une vision globale de nos systèmes culturels. Présenté exclusivement sous forme de questions, il constitue un outil pratique d'interpellation associé à l'ouvrage *L'Intelligence interculturelle : 15 thèmes à explorer pour travailler au contact d'autres cultures*, que nous avons publié en 2014 dans cette même maison d'édition. Il développe et actualise la grille que nous utilisons depuis plusieurs années dans différentes universités ou grandes écoles[2] et dans diverses institutions du secteur public, privé ou associatif[3]. On a pu voir en page 5 qu'une quinzaine d'entre elles soutiennent publiquement la démarche et la diffusion de cette grille, qui rentre désormais dans la panoplie de leurs outils pédagogiques, comme dans celle de plusieurs autres ONG ou organismes semi-publics.

Enrichi progressivement par les apports des différents groupes d'étudiants et de cadres en formation de toutes ces entités, le culturoscope est destiné aux futurs (et actuels) expatriés du tiers secteur, du secteur public ou du secteur privé, ainsi qu'à des enseignants ou travailleurs sociaux travaillant dans un milieu pluriculturel. Avec ses 70 questions, il a pour but de les inciter, chaque fois qu'une action de coopération, une négociation commerciale, un débat scientifique, une entreprise pédagogique présente des difficultés inattendues, à se demander : qu'est-ce qui a pu dysfonctionner? D'où viennent les incompréhensions, quelle est la source profonde de nos malentendus? Au-delà de la partie visible du fameux «iceberg» des cultures, qu'est-ce qui, culturellement, peut expliquer certains comportements? Cette grille (qui n'est pas un questionnaire) propose à la fois:

- une *prise de distance* à l'égard de ces *one best ways* qui sont encore le lot de certaines entreprises transnationales ou de grandes ONG;
- une *check-list* de points sur lesquels il est utile de se questionner à l'arrivée dans un nouveau pays ou dans un nouvel environnement multiculturel dans son propre pays;
- un *cadre d'analyse* permettant d'éclairer et si possible de débrouiller des situations de confrontation socioculturelle de diverses natures: opérations humanitaires et de développement, gestion d'équipes multiculturelles, projets sociaux, négociations commerciales, etc.;
- un *cadre pour l'échange organisé d'expériences* et pour la formation au sein des institutions.

Regroupés dans quatre grands domaines, 15 thèmes clés sont mis en évidence dans la grille, qui sont autant de facteurs à interroger en situation pluriculturelle :

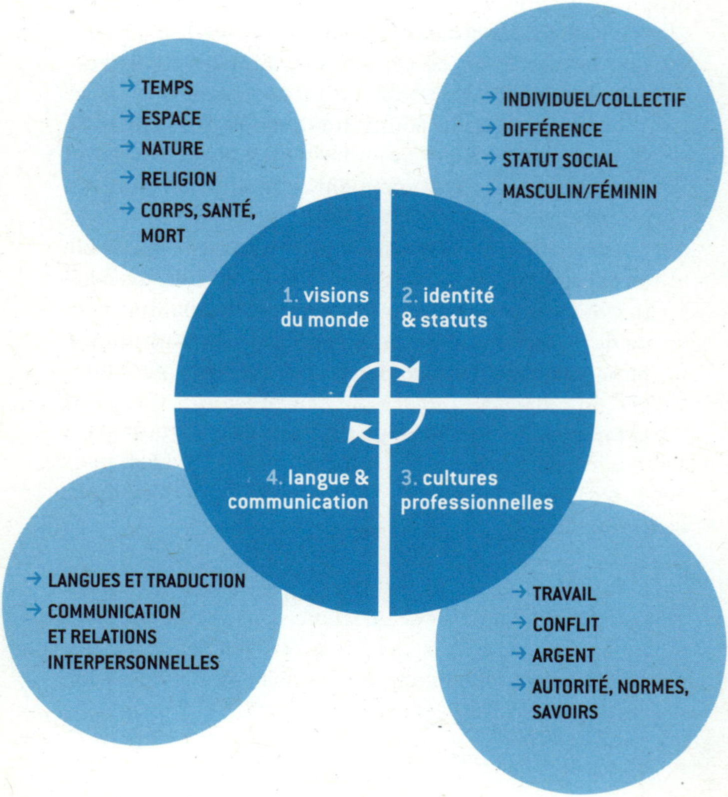

Expatriés ou professionnels plongés dans un milieu pluriculturel, nous ne pouvons guère répondre par nous-mêmes à toutes ces questions. Mais nous pouvons nous mettre en quête de médiateurs, de personnes qui, par leur histoire personnelle, se trouvent bien connaître notre propre culture et celle de nos interlocuteurs. Ces médiateurs pourront nous aider à élucider les mécanismes par lesquels des différences ont pu influer sur notre travail avec des partenaires étrangers. Ils pourront également nous informer sur des cas de « négociation socioculturelle » réussis (ou qui se sont soldés par un échec) dans des situations d'opposition de méthodes et de valeurs.

La grille vise à stimuler une attitude de curiosité et de doute, sans pour autant partir du principe que « tout est différence », ou que toute différence a des sources culturelles. Il s'agit simplement de rester attentif à ce que l'ignorance des différences peut engendrer en termes de pertinence dans le travail, et aussi à ce que l'autre, dans sa différence, peut nous apporter.

L'énoncé des questions de cette grille est toujours à assortir d'un rappel de précautions indispensables, pour éviter de tomber dans les clichés et les généralisations. Beaucoup de questions, en effet, gagneront :

- à faire l'objet de *précautions d'observation* : sommes-nous, avec telle ou telle question, dans l'ordre du purement culturel ? Ne s'agit-il pas, en fait, de questions d'ordre socio-économique, ou relevant de l'organisation politique et réglementaire ?

• à être *déclinées au-delà des simples différences de cultures nationales* : parle-t-on de personnes du secteur privé, du secteur public, du tiers secteur ? de groupes précaires ou non ? de ruraux ou d'urbains, d'hommes ou de femmes, de jeunes ou de seniors… ? Il est en effet impossible de chercher la réponse de manière globale pays par pays. Le rapport au travail, le poids de la religion, le rapport à l'idée de progrès, le contrôle social peuvent varier du tout au tout suivant les catégories socioprofessionnelles, de statut, de genre, etc. ;

• à être *déclinées aussi dans notre propre univers* : au fait, quelles réponses notre culture, nos cultures produisent-elles face à ces questions ? Comment le détour par l'autre, le fameux « effet miroir », m'aide-t-il à mieux connaître et analyser mes propres réflexes, mes propres comportements, et donc à être plus pertinent et plus efficace dans les relations avec mes interlocuteurs d'autres cultures ?

Signalons enfin que cette grille peut être adaptée aux besoins spécifiques de chaque institution, comme ce fut déjà le cas dans certaines d'entre elles. Elle peut également être complétée par chacun en fonction de ses propres observations et de ses propres questions : à cet effet, un cartouche libre est adjoint à chaque chapitre thématique.

Chacune des questions de cette grille fait l'objet d'un développement théorique et pratique, avec exemples et témoignages (d'entreprises, d'ONG, d'administrations, etc.), dans l'ouvrage mentionné plus haut (*L'Intelligence interculturelle : 15 thèmes à explorer pour travailler au contact d'autres cultures*, Éditions Charles Léopold Mayer, 2014) – http://www.eclm.fr/ouvrage-367.html (téléchargement gratuit). Nous indiquons pour chacun des thèmes les pages correspondantes dans l'ouvrage en question, dont sont par ailleurs extraites la plupart des citations qui viennent en exergue de chaque chapitre. Vous pourrez aussi y accéder directement grâce au flashcode.

Les éditeurs (diffusion@eclm.org) recevront avec grand intérêt toute suggestion d'enrichissement de la grille.

Nous avons réussi (…) à concrétiser (…) la manière dont nous nous représentons le passage du temps. Nous pouvons avoir ainsi l'impression de maîtriser le temps, de le contrôler, le passer, le gagner…

Edward T. Hall[4]

En Inde, un jour ne peut être pris indépendamment du long continuum qu'est la vie présente, et au-delà : la suite du cycle des réincarnations. Forcément, à cette échelle, une heure ou une journée ne peuvent être considérées que comme des grains de sable face à une montagne.

Abhijit Karkun et al.[5]

(cf. pp. 75 à 97 de *L'Intelligence interculturelle*)

THÈME 1

VISIONS ET MODES DE GESTION DU TEMPS

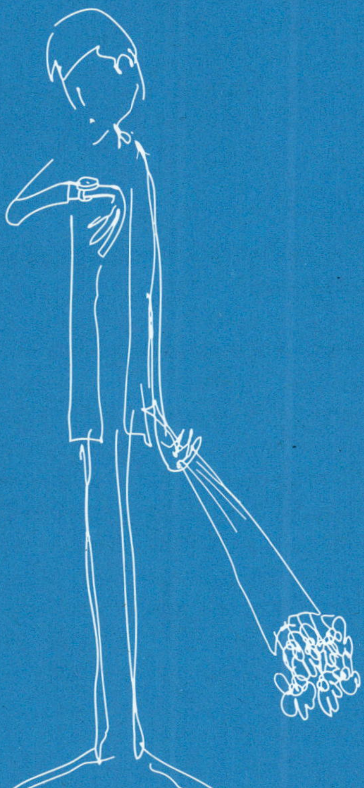

1. Nos sociétés respectives privilégient-elles plutôt une vision linéaire ou une vision cyclique du temps ?

→ Avons-nous surtout une *conception linéaire* du temps, toujours en progression, entre un début et une fin (tradition judéo-chrétienne notamment)?
→ ... ou en avons-nous surtout une *conception cyclique* (ou spiralée), calée sur l'idée d'un éternel recommencement, telle qu'on peut la rencontrer dans des sociétés asiatiques, africaines ou andines?
→ Quelles sont les conséquences de ces différences de conception en termes de plus ou moins grande acceptation de la progression et de l'échec?

2. Considérons-nous que le temps peut (et doit) être maîtrisé, planifié, séquencé ?

→ Dans nos cultures géographiques ou professionnelles, les individus fonctionnent-ils suivant un système plutôt *polychrone* (activités multiples menées simultanément, planning flexible mêlant sphères professionnelle et privée...)?
→ ... ou suivant un système plutôt *monochrone* (éviter la dispersion des activités, maîtriser et compartimenter le temps, fixer des priorités, séparer les sphères)?
→ Sommes-nous plutôt dans des cultures du *"time fixed"* (considérant le temps comme une ressource rare) ou dans des cultures du *"time fluid"* (considérant le temps comme une force naturelle à laquelle s'adapter)?

3. L'orientation dominante, dans nos sociétés, tend-elle vers le long terme ou vers le court terme ?

→ Nos cultures respectives poussent-elles à différer nos envies, à faire preuve de persévérance afin d'obtenir des bénéfices à plus long terme, ou bien à satisfaire les besoins de manière plus immédiate? Attend-on des investissements un rendement très rapide ou à plus long terme?
→ Quel est le degré d'acceptation de l'incertitude de l'avenir?

4. Comment, dans nos cultures respectives, gérons-nous la durée du temps de travail, les réunions, les rencontres ?

→ Quelles sont les pratiques concernant les *horaires de travail* et leur régularité?
→ Quelles sont les habitudes d'organisation du temps au cours d'une réunion? Commence-t-on une réunion en entrant dans le vif du sujet (pour éviter de « perdre du temps ») ou réserve-t-on le plus important pour la fin, après avoir cherché à établir un premier dialogue pour établir des relations de confiance?
→ Quelles sont les différences éventuelles dans les délais de réaction au cours d'une réunion (tac au tac? nécessité d'en référer à des collègues, etc.)?
→ Avons-nous la même conception de la ponctualité et de l'urgence?

5. Quels facteurs extraculturels peuvent expliquer des différences de comportement dans la gestion du temps ?

→ La précarité ou les difficultés d'orientation peuvent-elles expliquer l'impossibilité de tenir des horaires de rendez-vous ? Ou bien cela est-il dû au mauvais état des infrastructures (transports, accès à Internet, etc.) ?
→ Les différences de modes de gestion du temps peuvent-elles être imputables aux différences d'univers professionnels (ingénieurs, commerciaux, agriculteurs, etc.) ?

VOS NOTES *(vos propres questions, impressions, commentaires, etc.)*

Il n'y a pas un espace, comme on le croit généralement, mais des milliers, autant que de sociétés humaines, car il n'y a pas eu de société sans qu'elle produise, façonne, délimite son espace.

Henri Raymond[6]

[Dans les sociétés traditionnelles nomades, la question de l'orientation est omniprésente dans l'aménagement de l'espace individuel] : non seulement elle préside à l'implantation du (...) campement, mais aussi à celle de la tente, [à l'intérieur de laquelle] objets et personnes sont placés dans des directions déterminées.

Marion Segaud[7]

(cf. p. 99 à 117 de *L'Intelligence interculturelle*)

THÈME 2

LE RAPPORT À L'ESPACE

6. Quelles sont les représentations du territoire, des frontières et de la mobilité ?

- D'une culture à l'autre, la notion de territoire renvoie-t-elle à une zone strictement délimitée (populations sédentaires), à un espace à géométrie variable (diasporas), à des symboles ou à des lieux sacrés (nomades)?
- La mobilité est-elle plutôt considérée comme un obstacle ou une opportunité?
- Quels sont nos « espaces vécus » respectifs (somme de nos lieux et trajets usuels) et nos « cartes mentales »?

7. Quels sont les repères d'orientation dans nos cultures respectives et les manières de dessiner l'espace ?

- Existe-t-il chez nos interlocuteurs des règles particulières d'orientation différentes des nôtres et qui ont une influence dans la vie professionnelle et sociale (exemple du *feng shui* en Asie : utilisation des énergies dégagées par les orientations et les lieux pour améliorer le bien-être de ceux qui les occupent)?
- Comment dessine-t-on l'espace d'une culture à une autre? La perspective telle que nous la connaissons a-t-elle un sens partout?

8. Quelles sont les représentations mentales du petit et du vaste, du vide et du plein, du proche et du lointain ?

→ Le vide est-il partout ressenti comme un manque, une absence ?

→ Les représentations des distances sont-elles spontanément liées à des mesures de longueur (mètres, kilomètres...) ou à des temps de déplacement ?

VOS NOTES *(vos propres questions, impressions, commentaires, etc.)*

[Dans la conception occidentale,] la nature n'est plus seulement distincte de l'humanité, elle devient son objet, tant pour révéler ses secrets que pour s'adapter aux besoins humains. L'homme devient « maître et possesseur » selon la célèbre formule de Descartes.

Hervé Kempf[8]

Le Grand Chef de Washington nous a fait part de son désir d'acheter notre terre. [...] Mais peut-on acheter ou vendre le ciel, la chaleur de la terre ? Étrange idée pour nous ! Si nous ne sommes pas propriétaires de la fraîcheur de l'air, ni du miroitement de l'eau, comment pouvez-vous nous l'acheter ?

Chef indien Seattle, 1854[9]

(cf. p. 59 à 73 de *L'Intelligence interculturelle*)

THÈME 3

LE RAPPORT À LA NATURE

9. Nos sociétés privilégient-elles une attitude de domination de la nature ou de symbiose ?

→ Nos interlocuteurs considèrent-ils majoritairement l'homme comme « maître et possesseur de la nature » ? S'estiment-ils dans une position de domination (« Multipliez-vous, remplissez la terre et soumettez-la ») leur donnant un « droit de tirage » sur les éléments naturels ?

→ ... ou bien tiennent-ils l'homme pour une partie intégrante, un « associé » de la nature (symbiose entre l'homme et la nature, entre le visible et l'invisible) ?

→ La distinction entre cultures de domination et cultures de symbiose est-elle encore pertinente dans nos contextes actuels ?

10. Quelles sont les différences de représentation de la valeur du sol et de l'eau dans nos cultures respectives ?

→ La terre a-t-elle ici une valeur sacrée liée aux cosmogonies, à la présence des ancêtres, etc. ?

→ Quels malentendus sur la valeur du foncier (monétaire ou symbolique) peuvent apparaître lors des négociations et transactions nationales et internationales (achats massifs de terres, constructions de barrages, etc.) ?

→ L'eau revêt-elle un caractère sacré pour nos interlocuteurs (affrontement entre les conceptions sécularisées et marchandes de la ressource et les conceptions symboliques de l'eau comme élément sacré qui ne doit pas être souillé) ?

11. Quelles sont les conceptions de l'esthétique ?

→ Qu'est-ce qui est tenu pour beau ou laid dans nos cultures respectives ?
→ Quelle est la signification symbolique des couleurs ?

VOS NOTES *(vos propres questions, impressions, commentaires, etc.)*

[Dans les entreprises mexicaines,] la religion est perçue comme une qualité positive des personnes qui la pratiquent. Les entrepreneurs ont l'habitude de faire bénir leurs entreprises le jour de l'inauguration. Les jours de fêtes religieuses, beaucoup d'entre elles font célébrer une messe pour leurs salariés et leurs familles.

N. Grepe[10]

La tradition, c'est une innovation qui a réussi.

Attribué à Chateaubriand

(cf. p. 37 à 57 de *L'Intelligence interculturelle*)

THÈME 4

LA PLACE DE LA RELIGION, DE LA TRADITION ET DE L'HISTOIRE DANS LES REPRÉSENTATIONS CULTURELLES

12. **Nos cultures respectives sont-elles plutôt des cultures du sacré ou des cultures sécularisées ?**

→ Cherche-t-on à expliquer rationnellement les phénomènes de la vie, y a-t-il séparation entre croyances religieuses et vie professionnelle ou publique *(cultures sécularisées)*?
→ Dans quelle mesure considère-t-on plutôt l'univers dans une double dimension, visible et invisible *(cultures du sacré)*?

13. **Quelle est la place du religieux dans le quotidien des individus et des organisations avec lesquels nous travaillons ?**

→ La religion est-elle, dans le pays, une religion d'État? Quelle place et quelle influence y ont les autorités religieuses?
→ Quelles sont les manifestations du fait religieux dans l'espace public (signes d'appartenance religieuse, importance des temps et des lieux réservés à la prière, observation d'interdits alimentaires et de périodes d'abstinence – ramadan, sabbat, etc.)?
→ Quelle est la récurrence des références religieuses dans le langage courant (exemples : manière d'indiquer les heures de rendez-vous, locutions, etc.)?

14. Quelle est la prégnance de la tradition sur la vie sociale et professionnelle ?

- → Les valeurs traditionnelles (famille, communauté, honneur, etc.) sont-elles largement présentes dans les pratiques professionnelles?
- → Quel est le niveau de ritualisation des relations sociales (banquets, cadeaux, etc.)? Quelle place occupent, par exemple, les « cérémonies de passage » (initiation, mariage, funérailles, etc.), et quelles dépenses occasionnent-elles?
- → Quelle place réserve-t-on au protocole dans les relations sociales et professionnelles?

15. Quelle influence l'histoire et les cultures politiques ont-elles sur les représentations et les pratiques individuelles et collectives ?

- → Quel héritage des régimes politiques du passé (monarchie, dictatures, etc.) et des modes de construction de l'État peut-on percevoir dans les comportements des citoyens? Quelles traces ont laissées les conflits armés et les traumatismes collectifs subis dans le pays (réflexes de méfiance, par exemple)?
- → Quelles sont éventuellement les séquelles de la colonisation en termes de rapports personnels et professionnels entre anciens colonisés et anciens colonisateurs?

VOS NOTES *(vos propres questions, impressions, commentaires, etc.)*

Nommer une maladie, c'est effectuer un diagnostic élémentaire, identifier un ou plusieurs dysfonctionnements comme étant l'expression d'une « cause » ou d'une « chose » connue, c'est-à-dire leur donner une identité.

Jean-Pierre Olivier de Sardan[11]

[Notre société] évacue la mort, le mourant et le mort (...). Nous savons que les gens décédés ne reviendront jamais, qu'ils n'ont plus rien à nous dire et que nous ne pouvons plus leur demander affection, protection ou conseil. Notre deuil n'est plus enchanté.

Patrick Baudry[12]

(cf. p. 119 à 146 de *L'Intelligence interculturelle*)

THÈME 5

LES RAPPORTS AU CORPS, À LA MALADIE ET À LA MORT

16. Quel est le rapport au corps dans nos cultures respectives ?

→ Qu'est-ce qui est considéré comme pudique et impudique, ici et là ? Quelles sont les parties du corps que l'on doit cacher ?
→ Dans quelle mesure maîtrise-t-on son corps ? Le corps nous appartient-il ?

17. Quels espaces, quelles « bulles » créons-nous entre nous et les autres ? Quelles sont les conceptions de l'intimité ?

→ Quelles « distances critiques » les individus établissent-ils, d'une culture à une autre, en fonction du type de relation et du type de personnes impliquées ?
→ Quelles sont les relations à l'intimité, comment l'intimité est-elle protégée ? Quelles sont les attitudes à l'égard de la proximité physique dans les espaces publics ?

18. Quelles sont les représentations des causes de la souffrance et de la maladie et quelles en sont les conséquences ?

→ Quelles sont les différentes manières de repérer et de nommer la maladie dans nos cultures respectives ?
→ Quelles sont les causes attribuées à la maladie et à la souffrance : causes naturelles, surnaturelles (châtiment, sorts jetés, etc.) ou sociales (rappel à l'ordre en cas de non-respect des normes sociales) ?

19. Comment les individus naviguent-ils entre les savoirs médicaux présents dans les différentes cultures ?

→ Quels sont les systèmes de savoirs médicaux qui prévalent dans nos territoires respectifs (modèle biomédical occidental, médecine alternative, chinoise traditionnelle, ayurvédique indienne, savoirs phytothérapiques ou divinatoires des tradithérapeutes africains, etc.)?

→ Quels sont les « itinéraires thérapeutiques » (recours successifs à différents types de savoirs médicaux) suivis par les patients? La médecine biomédicale occidentale ne vient-elle qu'en dernier recours?

20. La maladie est-elle une affaire plutôt individuelle ou plutôt collective ?

→ Quels sont les signes qui montrent le caractère individuel ou collectif des questions de santé? Les patients consultent-ils plutôt seuls ou accompagnés? Décident-ils seuls ou collectivement d'accepter tel ou tel traitement?

→ La maladie concernée est-elle reconnue en tant que telle par le collectif (différence entre le trouble ressenti, l'altération biologique et l'existence sociale de la maladie)?

→ La maladie concernée a-t-elle un impact sur le statut social du patient (dévalorisation, mise à l'écart, etc.)?

21. Quelles sont les attitudes culturelles à l'égard de la mort ?

→ Quelle place fait-on aux morts dans les sociétés ? Quel est leur degré de présence dans la vie quotidienne des vivants ?
→ Comment célèbre-t-on la mort, ici et ailleurs ? Quel type de contact peut-on avoir avec le mort (le voir, le toucher, le déplacer, etc.) ?
→ La mort est-elle considérée comme une rupture nette, ou est-elle inscrite dans une sorte de processus qui se poursuit après la mort « médicale » ?
→ Quel sens ont les rites d'accompagnement de la mort ?

VOS NOTES *(vos propres questions, impressions, commentaires, etc.)*

Que l'homme puisse posséder le Je dans sa représentation, (...) c'est par là qu'il est une personne, (...) c'est-à-dire un être totalement différent par le rang et par la dignité de choses comme les animaux dépourvus de raison.

Emmanuel Kant[13]

Dans la culture chinoise, chaque individu trouve sa place dans le réseau qu'il forme avec une autre personne ou avec les autres. L'individu dépend d'autrui pour réaliser sa valeur sociale, car celle-ci est définie par le groupe et non pas par lui-même.

Bernard Fernandez et Zheng Lihua[14]

(cf. p. 155 à 172 *de L'Intelligence interculturelle*)

THÈME 6

L'INDIVIDUEL ET LE COLLECTIF : « JE », « NOUS », « ILS »

22. Cultures du « je », cultures du « nous » : nos interlocuteurs sont-ils orientés vers l'individuel ou vers le collectif ?

→ Y a-t-il chez mon interlocuteur une résistance pour parler au « je » ?
→ Dans quelle mesure l'individu peut-il se « réaliser » indépendamment de sa communauté ?
→ L'appartenance à une communauté se manifeste-t-elle par des marqueurs visibles d'identité ?
→ À quels « groupes de référence » les individus s'identifient-ils ? Se considèrent-ils liés à différentes communautés de référence ? Dans quelle mesure ces différentes communautés de référence se superposent-elles ou se contredisent-elles ?

23. Quels sont les rapports à la famille, à la communauté ? Comment traduisent-ils l'orientation plus ou moins individuelle des sociétés ?

→ Qu'entend-on par famille dans nos cultures respectives (famille nucléaire, famille élargie) ? Les générations cohabitent-elles ?
→ Le poids de la famille est-il central dans les comportements économiques et sociaux de chacun ?

24. Quelle est l'influence du rapport individuel/collectif sur les modes de prise de décision ?

→ Au sein des organisations, la représentation est-elle plutôt individuelle ou collective? L'existence d'un représentant unique, mandaté par son institution, est-elle considérée comme normale?
→ Quel est le niveau d'autonomie d'un négociateur vis-à-vis du groupe qu'il représente?
→ Quels modèles dominent dans la sphère publique? Citoyenneté individuelle ou priorité donnée aux décisions collectives (communauté villageoise, par exemple)?

25. Quelle est l'influence du rapport individuel/collectif sur l'idée de performance ?

→ Quelle place pour les évaluations et les récompenses individuelles?
→ Quelle place pour la sanction individuelle?

VOS NOTES *(vos propres questions, impressions, commentaires, etc.)*

Tu ne molesteras pas l'étranger ni ne l'opprimeras,
car vous-mêmes avez été étrangers au pays d'Égypte.

Le livre de l'Exode[15]

Le mimétisme n'est pas très bien vu chez les Occidentaux.
Ils ont un blocage psychologique en ce qui concerne
le fait de mimer un mode de vie étranger.
Les Japonais n'ont pas ce genre de blocage (...).
Ils se procurent le mode de vie occidental par mimétisme,
puis ils le transforment en le japonisant.

Etsuo Yoneyama[16]

(cf. p. 175 à 194 de *L'Intelligence interculturelle*)

THÈME 7

LE RAPPORT À LA DIFFÉRENCE

26. Quelles sont les représentations et les attitudes à l'égard de la diversité ethnique ?

- → Quelles formes et quelle visibilité du sentiment raciste peut-on rencontrer dans nos sociétés respectives ?
- → Sommes-nous dans un pays ayant connu d'importantes vagues de migration et de métissage ?
- → Quelles sont les stratégies publiques de gestion de la diversité ethnique (lois antiracistes, discrimination positive...) dans nos pays respectifs ?

27. Dans quelle mesure la diversité religieuse est-elle reconnue dans nos sociétés respectives ?

- → Quelle place officielle est attribuée aux religions dans nos sociétés ? Sommes-nous dans un régime de religion d'État, de séparation des sphères, de laïcité ?
- → Les politiques en présence font-elles de la religion l'élément structurant de la vie publique ? Valorisent-elles la religion ou cherchent-elles à la faire disparaître de l'espace public ?

28. Quelle est l'influence du sentiment identitaire sur l'ouverture à la différence ?

- → Quelles sont les « communautés de référence » (familiale, professionnelle, religieuse, etc.) dont mon interlocuteur se revendique en priorité ?

→ Dans quelle mesure ces communautés de référence ont-elles tendance à effacer les différences entre leurs membres et à renforcer les différences avec l'extérieur ?

VOS NOTES *(vos propres questions, impressions, commentaires, etc.)*

Dans le monde du travail, chacun, professeur, conducteur du métro, membre du Conseil d'État ou autre, se conçoit comme membre d'un corps dont il partage les privilèges et est prêt à assumer les devoirs. (...) L'existence d'un honneur professionnel porteur de devoirs qu'on ne peut négliger sans déchoir reste un élément central du fait que, vaille que vaille, en dépit des conflits qui émaillent son quotidien, la France tient bon.

Philippe d'Iribarne[17]

[En Chine,] la relation à autrui prend la forme d'une hiérarchie qui impose une inégalité de fait au profit d'un ordre social supérieur pour le bien de tous.

Bernard Fernandez et Zhen Lihua[18]

(cf. p. 197 à 212 de *L'Intelligence interculturelle*)

THÈME 8

LE RAPPORT AU STATUT SOCIAL ET AU PRESTIGE

29. Comment perçoit-on l'égalité et l'inégalité ? Quel est le niveau de structuration hiérarchique des sociétés ?

→ La structuration sociale est-elle en apparence plutôt inégalitaire (différenciation visible des catégories sociales, système des castes...) ou plutôt égalitaire?
→ Quels sont les systèmes de hiérarchie sociale qui prévalent dans l'esprit de mon interlocuteur?

30. Statut acquis ou hérité ? Qu'est-ce qui détermine le statut social ?

→ Dans les différentes cultures, le statut social est-il plutôt « conquis » (fondé sur ce que l'individu a pu construire et réaliser) ou plutôt « attribué » (directement hérité de l'éducation, de l'origine, de la classe sociale)?
→ Quel impact cela a-t-il sur les modes d'organisation et de rémunération au sein des institutions?
→ Le fait d'avoir un poste important dans l'institution implique-t-il d'avoir réponse à tout?

31. Quel est le rôle de l'âge dans la construction du statut social ?

→ Nos cultures valorisent-elles fortement le respect des anciens, la soumission aux plus âgés, ou minimisent-elles les écarts générationnels?

32. Quelle est la représentation du rôle des diplômes dans les statuts professionnels ?

→ Qu'est-ce qui prime, ici et là, dans la sélection des candidats à l'embauche (l'expérience ou le diplôme)?
→ La notion de « cadre » est-elle la même partout? Ce statut n'est-il lié qu'à l'obtention d'un diplôme?

VOS NOTES *(vos propres questions, impressions, commentaires, etc.)*

Une société est dite masculine quand les rôles sexués affectifs sont clairement distincts : les hommes sont censés être sûrs d'eux, robustes et concentrés sur la réussite matérielle, alors que les femmes sont censées être plus modestes, tendres, et préoccupées de la qualité de la vie. Une société est dite féminine quand les rôles sexués affectifs se confondent : les hommes et les femmes sont censés être modestes, tendres et préoccupés de la qualité de la vie.

Geert Hofstede[19]

La Torah a été donnée d'abord aux femmes : pour marquer précisément l'importance de leur rôle.

Rabbin Ernest Guggenheim[20]

(cf. p. 215 à 229 de *L'Intelligence interculturelle*)

THÈME 9

LE MASCULIN ET LE FÉMININ : LE RAPPORT AU GENRE

33. Quel est le degré d'égalité/inégalité entre les hommes et les femmes dans le pays, et quelles législations existent dans ce domaine ?

→ Quel est l'équilibre hommes/femmes dans le pouvoir politique et économique, dans l'accès au travail et la rémunération, dans le niveau d'alphabétisation ?
→ Quel est le degré de violence physique, sexuelle ou psychologique envers les femmes ?

34. Comment les différentes sociétés distinguent-elles les rôles sociaux de l'homme et de la femme ?

→ Sommes-nous plutôt dans une société qui sépare nettement les rôles sociaux de chaque sexe ou plutôt dans un environnement où ces rôles se rejoignent et ne s'opposent pas ?
→ D'une culture à l'autre, les femmes peuvent-elles facilement choisir leur rôle social et leur statut professionnel ?
→ Quelles sont les représentations du couple et de la famille ? Y a-t-il une stricte répartition du rôle du père et de la mère (éducation des enfants, achats, budget, démarches administratives...) ? La distinction entre masculin et féminin est-elle visible dans l'espace assigné à chacun (séparation nette des lieux masculins et des lieux féminins) ?
→ Par quels marqueurs vestimentaires chaque culture construit-elle une opposition visible entre les hommes et les femmes ? Quelles sont les parties du corps de la femme qui doivent être tenues cachées par les vêtements (visage, poitrine, pieds, épaules, etc.) ?

35. Quelles sont les représentations de la femme dans les différentes religions ?

→ Comment la femme est-elle représentée dans les différents discours religieux ? L'argument religieux n'apparaît-il pas, ici ou là, comme un prétexte pour maintenir une inégalité de traitement entre les hommes et les femmes ?

36. Quel est le rapport aux orientations sexuelles minoritaires ?

→ Quelle acceptation ou discrimination des orientations sexuelles minoritaires constate-t-on dans les différentes cultures ?
→ Sur quels arguments culturels et religieux ces discriminations reposent-elles ?

VOS NOTES *(vos propres questions, impressions, commentaires, etc.)*

[Au Japon,] l'homme s'oublie dans son effort de travail et ainsi, il peut diminuer son égocentrisme et réaliser le désintéressement de lui-même. (...) Ici, le but de l'homme n'est pas de reconnaître sa réussite professionnelle, mais consiste, pour lui-même, à se libérer de la souffrance humaine et à atteindre la paix intérieure.

Hajime Nakamura[21]

Pour des peuples latins ou méditerranéens, il est très surprenant de constater que la tâche, pour un Anglais, passe avant les relations interpersonnelles.

Christine Geoffroy[22]

(cf. p. 235 à 257 de *L'Intelligence interculturelle*)

THÈME 10

LE RAPPORT AU TRAVAIL ET À L'EFFICACITÉ

37. Quel est, ici et ailleurs, le degré de réglementation et de contrôle des conditions de travail ?

→ Quel est le degré de conformité à la législation internationale du travail (OIT)?
→ Qu'en est-il du travail des enfants, des seniors, etc. ?
→ Quelle est la présence du syndicalisme dans nos pays? Quelle est sa nature? Quel est son rôle?

38. Quelles sont les différentes conceptions du travail, du métier et de la motivation professionnelle dans nos cultures respectives ?

→ Quelle est l'étymologie du mot « travail » dans la langue de mon interlocuteur (« torture », « esclavage », « profit », « accumulation de connaissances »...)?
→ Pourquoi travailler? Quelles sont, d'une culture à l'autre, les motivations associées au travail (s'agit-il de remplir son devoir? de gagner sa vie? de progresser socialement? de rechercher des relations? de s'épanouir, etc.)?
→ Quelle est l'influence actuelle ou passée de la religion dans ces conceptions (obligation du travail, châtiment consécutif au péché originel dans la Bible, par exemple)?

39. Quelle est la place du métier et quel est son lien avec le respect du statut de chacun ?

→ Le métier est-il perçu comme un choix, une vocation ou une assignation?
→ Le métier est-il ou non perçu comme un élément central du prestige et de l'honneur individuels?
→ De quelle manière se traduit le sentiment de l'honneur dans l'exercice de son métier?

40. Quelles sont les conceptions de l'efficacité dans nos cultures respectives ?

→ Que signifie et comment se traduit réellement le mot « efficacité » dans la langue de mon interlocuteur?
→ L'efficacité consiste-t-elle surtout à maîtriser à tout prix l'ensemble des éléments du travail, ou d'abord à « épouser la vague », à faire du temps un allié?

41. Quel est le rapport à l'incertitude et au risque dans le travail ?

→ Mon interlocuteur est-il dans une position de contrôle, de crainte ou d'évitement de l'incertitude?
→ Dans quelle mesure est-on disposé, ici et ailleurs, à la prise de risque?
→ Quelle est l'influence du contexte économique et historique sur la plus ou moins grande disposition à prendre des risques?

VOS NOTES *(vos propres questions, impressions, commentaires, etc.)*

Le refoulement du conflit ne peut conduire qu'à la violence généralisée, et l'enjeu auquel nous sommes tous confrontés est bien celui [d'assumer le] conflit, « père de toutes choses » selon Héraclite.

Miguel Benasayag et Angélique del Rey[23]

Qui est apte à vaincre son ennemi ne l'affronte jamais directement.

Lao-tseu

(cf. p. 259 à 276 de *L'Intelligence interculturelle*)

THÈME 11

LE RAPPORT AU DÉSACCORD ET AU CONFLIT

42. Exprime-t-on ouvertement un désaccord dans nos cultures respectives ?

→ Sommes-nous dans des cultures de l'implicite ou de l'explicite?
→ Quel est le sens d'un « oui »? Le « non » est-il utilisé fréquemment dans la langue de nos interlocuteurs?

43. Sommes-nous plutôt dans une culture de confrontation ou dans une culture de non-affrontement ?

→ Quelles sont les différentes postures et stratégies face au conflit que l'on peut rencontrer dans nos cultures géographiques ou professionnelles respectives (affrontement/domination, évitement/contournement, recherche de consensus ou stratégies « arrangeantes », etc.)? D'une culture à l'autre, considère-t-on l'affrontement comme « toujours utile » ou cherche-t-on à l'éviter?
→ En quoi l'orientation plutôt individuelle ou collective des sociétés explique-t-elle ces postures et ces stratégies?
→ Quelle est l'importance de la face et de la préservation de l'honneur dans la genèse et la gestion des conflits?

44. Quelle est l'influence des religions et de l'histoire sur les attitudes face aux conflits interpersonnels ?

→ Les religions et les spiritualités (même quand elles affirment l'incompatibilité entre la foi et la violence) exaltent-elles la lutte, l'affrontement, ou prônent-elles la conciliation plutôt que le combat?

→ En quoi l'histoire et la culture politique peuvent-elles contribuer à expliquer la plus ou moins grande propension au consensus?

45. Quels types de dispositifs de régulation des conflits existent dans les secteurs où nous travaillons ?

→ En dehors des systèmes judiciaires, existe-t-il des systèmes traditionnels de régulation des conflits (autorités coutumières et religieuses, alliances à plaisanterie, etc.)?

→ Au sein du monde professionnel, en quoi le droit du travail et les habitudes de concertation à l'œuvre dans les organisations anticipent-ils les conflits et aident-ils à leur gestion?

VOS NOTES *(vos propres questions, impressions, commentaires, etc.)*

On a de tout avec de l'argent hormis des mœurs et des citoyens.

Jean-Jacques Rousseau[24]

[En Inde,] la déesse la plus vénérée est Lakshmi (déesse de la fortune). Elle est célébrée à la fin de l'année rituelle qui correspond également à la fin de l'année fiscale. Ce qui explique pourquoi l'Inde se base sur cette date pour publier ses comptes. (...) Une prière peut être organisée dans les entreprises afin de célébrer la déesse, lors de la fête du Printemps ; on profite alors de cette occasion pour bénir le coffre de l'entreprise.

Abhijit Karkun et al.[25]

(cf. p. 279 à 291 de *L'Intelligence interculturelle*)

THÈME 12

LE RAPPORT À L'ARGENT ET À LA POSSESSION

46. Quelle est la place et quel est le rôle de l'argent dans nos sociétés ? Quelles sont les représentations de la propriété ?

→ Dans quelle mesure sommes-nous dans une économie «monétarisée»? Quelle est la place, ici et là, de l'économie de subsistance?
→ Quels sont les statuts et le degré de reconnaissance de la propriété privée dans nos sociétés respectives?
→ Quelles formes et quels degrés de corruption peut-on y observer?

47. Qu'est-ce qu'être riche ou pauvre dans nos cultures respectives ?

→ La richesse est-elle avant tout appréciée en termes monétaires, ou surtout en termes de lien social, de réseau, de famille, etc. (le lien social tenant lieu de couverture sociale en cas de problèmes)?
→ Par rapport à qui s'apprécie la richesse ou la pauvreté?
→ Qui est, dans nos cultures respectives, considéré comme exclu socialement?
→ L'argent: peut-on le montrer? peut-on en parler? Pratiques ostentatoires ou opacité volontaire?

48. La religion influe-t-elle sur les représentations de l'argent et de la richesse ?

- → Les religions en présence – ou l'interprétation qui en est faite – exaltent-elles plutôt la pauvreté, la dépossession, ou représentent-elles l'argent comme un bien en gérance impliquant une responsabilité sociale (responsabilité d'investissement productif, de partage, etc.)?
- → Les religions en présence considèrent-elles l'enrichissement comme licite, autorisent-elles le prêt à intérêt, etc. ?
- → La religion intervient-elle directement dans les négociations commerciales, la fixation des calendriers comptables, etc. ?

VOS NOTES *(vos propres questions, impressions, commentaires, etc.)*

Pour les Américains, le pouvoir n'est pas une raison de se distancier de l'homme ordinaire, et le statut de cadre supérieur ne l'empêche pas de traiter d'égal à égal avec un subordonné. Ni de porter lui-même sa valise à l'hôtel, parfois à la grande honte de son hôte latin.

Journal L'Expansion

Dans l'entreprise africaine, une attention particulière est donnée aux relations personnelles et affectives entre responsable et employé. (...) L'entreprise est considérée avant tout comme une entité au service de la collectivité qui doit contribuer au développement et au bien-être de ses employés, en fournissant une aide dans les domaines du logement, de la formation, ou de la protection sociale.

Olivier Meier[26]

(cf. p. 293 à 313 de *L'Intelligence interculturelle*)

THÈME 13

LE RAPPORT À L'AUTORITÉ, À LA NORME, AU SAVOIR ET AUX MODES D'ORGANISATION

49. Quel est le rapport au respect de la règle dans nos cultures respectives ?

- → Sommes-nous plutôt dans des cultures qui privilégient l'« universel » (adhésion à des normes admises par tous, avec un même traitement pour tous, sans exception particulière)?
- → ... ou qui privilégient le « particulier », en tenant d'abord compte de la relation spécifique que nous entretenons avec la personne concernée par le respect de la règle? Autrement dit, dans quelle mesure privilégie-t-on d'abord la règle générale ou d'abord la relation?
- → Quel est le degré d'acceptation de la transgression de la règle?

50. Quel rapport au contrat peut-on observer dans les différentes cultures ?

- → Le contrat est-il au cœur de l'engagement qui me lie à l'autre? Existe-t-il d'autres éléments qui « m'obligent » vis-à-vis de mes partenaires?
- → Le contrat est-il plutôt perçu comme un moyen de garantir la fluidité des relations et de se protéger contre l'incertain (donc de construire progressivement la confiance), ou comme un manque de confiance *a priori*, source de défiance entre les partenaires?
- → Le contrat est-il perçu comme devant être très détaillé, pour se prémunir de l'arbitraire, ou assez large pour permettre à la collaboration d'évoluer?

51. Quelles sont les représentations de l'autorité et de la hiérarchie : à qui accepte-t-on d'obéir ?

- → Avons-nous une *vision plutôt sociale* de la hiérarchie, perçue comme un « statut » et une position ne pouvant guère être remis en cause, et fonctionnant notamment comme une instance systématique de recours en cas de conflit ?
- → ... ou une *vision plutôt instrumentale*, centrée sur les tâches à accomplir, et définie de manière plus pragmatique en fonction des compétences et des besoins du groupe à un moment donné ?
- → Comment le contrôle et la sanction d'un supérieur sont-ils perçus dans les organisations ?

52. Quel est le degré de distance hiérarchique dans les organisations (*power distance*) ?

- → Dans quelle mesure un individu peut-il exprimer un désaccord avec son chef ?
- → Quel est le degré d'acceptation des inégalités de traitement entre un individu et son chef ? Quels sont les signes extérieurs de hiérarchie que l'on peut observer ?
- → Quels sont les écarts entre l'individu et sa hiérarchie, quels sont ses niveaux de dépendance ou d'autonomie vis-à-vis du pouvoir ?

53. L'accent est-il mis, dans les organisations, sur la personne ou sur les tâches qu'elle accomplit ?

- Les organisations prennent-elles en charge des dimensions très variées de la vie de leurs membres (santé, lieu d'habitation, famille, etc.)?
- Les organisations impliquent-elles le plus souvent leurs membres sur la longue durée, en les faisant évoluer dans leurs métiers et leurs fonctions?

54. Quelles sont les différentes sources et conceptions du savoir dans nos cultures respectives ?

- Quel est le statut des savoirs dits « traditionnels » ? Relèvent-ils de croyances ou des leçons de l'expérience ? Comment sont-ils transmis ?
- Quels sont les supports du savoir dans nos cultures (écrit, oral, numérique)?
- Accepter de ne pas savoir : d'une culture à l'autre, un manager estime-t-il qu'il doit avoir réponse à tout, ou que sa fonction est plutôt de coordonner les savoirs et les compétences d'une équipe ?
- Comment le progrès technologique est-il perçu (outil d'asservissement ou de libération)?
- Quelle est la conception de l'éducation ? Qu'appelle-t-on « bonne » ou « mauvaise » éducation ?

VOS NOTES *(vos propres questions, impressions, commentaires, etc.)*

Le langage est beaucoup plus qu'un simple moyen d'expression de la pensée ; il constitue en fait un élément majeur dans la formation de la pensée. (...) La perception même que l'homme a du monde environnant est programmée par la langue qu'il parle (...), aucune croyance, aucun système philosophique ne saurait dès lors être envisagé sans référence à la langue.

Edward Hall[27]

L'écriture logographique chinoise peint le sens et non le son (...) Lire un caractère chinois revient à reconnaître un visage et à y associer un nom, alors que lire le mot d'une langue à écriture alphabétique revient à prononcer un nom qui pourra éventuellement évoquer un visage.

Joël Bellassen[28]

(cf. p. 293 à 313 de *L'Intelligence interculturelle*)

THÈME 14

L'INFLUENCE DE LA LANGUE, LE RAPPORT AU LANGAGE ET À LA TRADUCTION

55. Quel est le « paysage linguistique » dans les zones où nous travaillons ?

→ Combien de langues nos interlocuteurs parlent-ils ou comprennent-ils ? Combien de langues et dialectes sont usuels dans leur pays ?
→ Quelle est pour eux la place de leur langue maternelle ? Quelle est la pratique des langues nationales, des langues « pivots » (anglais, français...) ?

56. La langue et le temps : comment exprime-t-on le passé, le présent et le futur ?

→ Les conjugaisons existent-elles dans la langue de nos interlocuteurs ? Le passé existe-t-il, est-il utilisé ?
→ Même lorsqu'il existe dans la langue, le futur est-il couramment utilisé ?

57. Quelles sont les caractéristiques des langues en présence, comment influent-elles sur les modes de raisonnement ?

→ Comment le degré d'autonomie des mots les uns par rapport aux autres, leur composition, la manière dont ils sont ordonnés dans la phrase (syntaxe, place du verbe, par exemple) influent-ils sur les modes de raisonnement et d'expression ?
→ Quelle est l'influence des systèmes d'écriture (alphabétique, syllabique, logographique – idéogrammes...) sur nos modes

de pensée? Écrit-on de droite à gauche, ou de gauche à droite, ou de haut en bas?

58. La langue et l'identité : quelle place les langues en présence donnent-elles à soi et aux autres ?

→ Le « sujet » existe-t-il et quelle place a-t-il dans la phrase?
→ Quelles sont les différences d'usage des pronoms personnels? Que révèlent ces différences en matière de définition de l'identité individuelle et collective?
→ Quelle distinction fait-on, dans la langue, entre le masculin et le féminin? Existe-il d'autres types de « genres » pour distinguer les mots?

59. Quels malentendus peuvent naître de la phonétique et de la façon dont l'autre prononce sa langue ?

60. Que nous disent les différences lexicales sur nos visions et sur la diversité de nos cadres de vie ?

→ Combien de mots l'autre met-il derrière mon mot, et inversement?
→ Quels univers de sens, quelles équivoques y a-t-il derrière nos mots? Un mot est-il traduit une fois qu'il est traduit?

61. Quelle est place de la traduction dans les relations professionnelles et sociales ?

→ Quel rôle attribue-on au traducteur et quel est son statut, notamment vis-à-vis de sa communauté d'appartenance?
→ Comment traduire l'intraduisible (renoncer à traduire certains mots, admettre une dose d'imperfection et d'interprétation dans la traduction)?

VOS NOTES *(vos propres questions, impressions, commentaires, etc.)*

Le principe selon lequel toute rencontre doit obligatoirement être remplie par un flux continu de paroles est loin d'être universel : dans bien des sociétés, l'échange de paroles n'est qu'une composante secondaire et facultative de ce type particulier d'interaction sociale qu'est la visite.

John J. Gumperz[29]

Les mots qu'on n'a pas dits sont les fleurs du silence.

Proverbe japonais

(cf. 353 à 370 de *L'Intelligence interculturelle*)

THÈME 15

COMMUNICATION ET RELATIONS INTERPERSONNELLES

62. Qui parle à qui ? Pourquoi et dans quel contexte ?

→ Lorsque mon interlocuteur me parle, qui parle à travers lui (sa communauté, son entreprise, son église, etc.)? Et à qui parle-t-il en me parlant (à moi personnellement, à mon institution, etc.)?
→ Les registres de langage changent-ils, d'une culture à une autre, selon les interlocuteurs et selon la sphère concernée (professionnelle ou publique, amicale ou amoureuse)?

63. Quels objectifs assignons-nous à la communication ?

→ La communication est-elle considérée, ici et là, plutôt comme un outil d'information, de transmission d'un message, ou plutôt comme un moyen de créer des liens et de contribuer à une forme d'harmonie?
→ La qualité de la communication est-elle tenue pour plus importante que l'information échangée?

64. S'exprimer librement ou non : quelles sont les conceptions et les pratiques ?

→ Quelles sont les conceptions de la liberté d'expression dans l'espace professionnel et public?
→ Quelles sont les stratégies d'affirmation de cette liberté, et quelles limites lui assigne-t-on (ou non)?

65. Comment déroule-t-on ses idées et comment organise-t-on la discussion ?

- Quelle est l'abondance de la parole dans nos cultures respectives?
- Dans la présentation d'un argument, partons-nous plutôt de postulats théoriques pour aboutir à des principes d'action (approche déductive), ou plutôt de constats concrets pour bâtir ensuite nos théories (approche inductive)? Dans l'organisation d'un dialogue, avons-nous tendance à chercher un premier accord sur des principes larges, ou à traiter de questions spécifiques pour pouvoir « avancer » ?

66. Quelles sont les façons de prendre la parole, de nous adresser aux autres, de les interrompre, et d'en prendre congé ?

- Qui saluer? Quel temps accorder aux salutations? Quelle gestuelle associer aux salutations? Qui remercier, comment remercier?
- Dans quelle mesure peut-on s'adresser directement au partenaire? Est-il possible de personnaliser la discussion?
- Quand prendre la parole? Quelle est la durée minimale de pause en deçà de laquelle les locuteurs ont l'impression d'avoir été interrompus? Quelle est la durée maximale au-delà de laquelle la pause est perçue comme gênante?

67. Quels sont, selon les cultures, les codes et les pratiques de communication non verbale (paralangage, gestes, silence…) ?

→ Qui peut-on regarder dans les yeux et pour combien de temps ? Quel sens attribue-t-on au regard ?
→ Quel espace place-t-on, ici et là, entre soi et les autres (proxémique) ?
→ Quelle est la durée admise des contacts oculaires ?
→ Le silence est-il admis, désiré, ou considéré comme insupportable ?
→ Comment décrypter les paralangages (rires, sanglots, intensité de la voix…) ?

68. Quelle est la part de l'implicite et de l'explicite dans nos modes de communication ?

→ Sommes-nous plutôt dans des cultures « à faible charge contextuelle », où l'information réside essentiellement dans l'explicite du message et dépend peu de la personne qui l'énonce (son statut, sa relation à nous, etc.) ?
→ … ou dans des cultures « à forte charge contextuelle », où l'information réside davantage dans la personne – dans ce qu'elle représente, dans ses références – que dans ce qu'elle dit ?

69. Quels sont les statuts respectifs de l'écrit et de l'oral, ainsi que les canaux de communication les plus couramment utilisés ?

→ Quelles sont les habitudes de communication (orale, écrite, courriels, téléphone, réseaux sociaux)? Qu'est-ce qui est « bien vu » et « mal vu » dans ce domaine?
→ Quels choix les individus ont-ils vraiment entre ces canaux, et comment les combinent-ils?

70. Quels sont les modes d'expression des sentiments ?

→ Peut-on facilement observer chez l'autre des marques de sympathie ou d'antipathie, d'assentiment ou de ressentiment?
→ Quand peut-on se permettre de sourire, et comment cela est-il perçu? Quel sens attribue-t-on au sourire?
→ Quelle est la durée de construction de liens d'amitié?

VOS NOTES *(vos propres questions, impressions, commentaires, etc.)*

NOTES

[1] Titre d'un ouvrage de Joël de Rosnay (Seuil, 1975).
[2] Sciences Po Paris et Bordeaux, École centrale de Paris, École nationale des ponts et chaussées, université Paris-Dauphine, École nationale d'administration, EM Lyon Business School, université de Rennes-I, École nationale supérieure de création industrielle.
[3] Cités unies France, conseils généraux, Médecins du Monde, Action contre la faim, Délégation catholique pour la coopération, Étudiants et Développement, Coordination Sud, etc.
[4] *La Danse de la vie*, Seuil, 1984.
[5] *In* E. Davel, J.-P. Dupuis et J.-F. Chanlat (dir.), *Gestion en contexte interculturel*, Presses de l'université de Laval (Québec), 2008.
[6] *In* Marion Segaud, *Anthropologie de l'espace*, Armand Colin, 2008.
[7] *Ibid.*
[8] « L'Occident cherche à sortir du clivage homme-nature », *in Le Monde*, 25 mai 2005.
[9] Cité dans *L'Intelligence interculturelle*. L'authenticité de ce texte est parfois contestée, mais il est admis qu'il rend bien compte des conceptions des rapports homme-nature chez les Amérindiens.
[10] *Cultura Gerencial: Estados Unidos México*, Mexico, Grupo Editorial Iberoamérica, 1990.
[11] *La Construction sociale des maladies*, PUF, 1999.
[12] *La Place des morts : enjeux et rites*, L'Harmattan, 2006.
[13] *Anthropologie d'un point de vue pragmatique* (1798).
[14] *In* E. Davel *et al.*, *op. cit.*
[15] Exode, 22, 20.
[16] *In* E. Davel *et al.*, *op.cit.*
[17] *La Logique de l'honneur*, Seuil, 1993.
[18] *In* E. Davel *et al.*, *op. cit.*
[19] *Cultures et organisations*, Pearson Education France, 2010.
[20] http://judaisme.sdv.fr/histoire/rabbins/gugenh/gugenhe2.htm
[21] Étude sur l'esprit critique dans le Japon moderne, Tokyo, Shinshusha, 1950.
[22] *La* Mésentente cordiale, Grasset, 2001.
[23] *Éloge du conflit*, La Découverte, 2007.
[24] *Discours sur les sciences et les arts* (1750).
[25] *In* E. Davel *et al.*, *op.cit.*
[26] *Management interculturel*, Dunod, 2010.
[27] *La Dimension cachée*, Seuil, 1971.
[28] *Empreintes chinoises*, Éditions Nicolas Philippe, 2004.
[29] *Sociolinguistique interactionnelle*, L'Harmattan, 1989.

TABLE DES MATIÈRES

Achevé d'imprimer en mai 2016
sur les presses de la Nouvelle Imprimerie Laballery
58500 Clamecy

Dépôt légal : mai 2016
N° d'impression : 605049

Imprimé en France

La Nouvelle Imprimerie Laballery est titulaire de la marque Imprim'Vert®